中、英双语绘本（简体版）

Bilingual Picture Book in Chinese and English
(Simplified Chinese Version)

MW01277310

Xiǎo xiǎo de   Xìng   Fú

小小的 幸福

EVERYDAY IS FUNDAY!

作者／温甘玉芬

绘图／叶承恩

by Andrea Voon

illustrated by Yapp Shin Enn

作者 / 温甘玉芬
绘图 / 叶承恩
出版 / 温室工作坊
国际书号 / 978-1-7778626-0-2

ISBN 978-1-7778626-0-2

前言

童年是孩子小小心灵中最重要的一环。
父母的陪伴，能使孩子的童年增添色彩。
快乐的童年，
是孩子们体验爱的时光；
是孩子们建立自信的根基；
是孩子们成长路上的正能量......

亲爱的小朋友，
亲爱的爸爸、妈妈们，
让我们一起探索这个世界的美好，
让我们一起为孩子打造幸福美满的童年吧！

Introduction

CHILDHOOD is the most precious time in life.
Companionship of parents made their lives shine.
CHILDHOOD,
is the time to fill a little heart with love;
is the time for us to experience ups and downs;
is the time to collect courage for their future path......

Dear friends,
Dear lovely parents,
Let's explore the beauty of the world together;
Let's create a wonderful CHILDHOOD together......

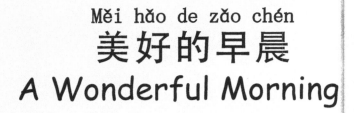

Měi hǎo de zǎo chén
美好的早晨
A Wonderful Morning

爸爸,
妈妈, 早!
Daddy,
Mommy...
rise and shine!

What shall we do today?
Where shall we go today?
The time is ticking and we can't stay!
Let's go outside, so we can play...

Chuāng wài tài yáng nuǎn nuǎn zhào, lán tiān, bái yún yě zài xiào,

窗外太阳暖暖照，蓝天、白云也在笑，

niǎor huān xǐ de chuī kǒu shào, qī pàn de zhōu mò yǐ lái dào.

鸟儿欢喜地吹口哨，期盼的周末已来到。

Xiǎo xiǎo de xìng fú, yǒu nǐ men péi zhe qù xún zhǎo!

小小的幸福，有你们陪着去寻找！

Yě cān tà qīng

野餐踏青
Day Out

Jiāo yóu dài shàng dà bāo xiǎo bāo, zì xíng chē qí shàng xiū xián dào,

郊游带上大包小包，自行车骑上休闲道，

pù hǎo cān diàn máng duī chéng bǎo, jiǎn dān biàn dang yě wèi kǒu hǎo.

铺好餐垫忙堆城堡，简单便当也胃口好。

Lā la, chě che, fēng zheng wèi hé yì zhí wǎng xià diào?

拉拉、扯扯，风筝为何一直往下掉？

Outing is fun with you as my great teacher.
Let's pack a picnic,
and feel the love of nature.
Sandy beach, deep blue sea,
castle stands upright.
Singing birds, fresh green grass,
little kites take flight.

Dēng shān yuǎn zú
登山远足
Into the Woods

Gǔ shù cān tiān lǜ yè mào, bó wù huán rào zhe shān yāo,
古树参天绿叶茂，薄雾环绕着山腰，
chǎng bái pù bù shēng tāo tāo, fǔ shǒu dà dì de měi mào.
长白瀑布声涛涛，俯首大地的美貌。
Zǒu zou, tíng ting, xiǎo dòng wù wèi hé nà me de hài sào?
走走、停停，小动物为何那么地害臊？

Hiking is fun with you as my park ranger.
Let's dive into the woods, and spot the friendliest creature.
Dangling vines, thick tree branches, leafy stems say, "HI!"
Shimmering streams, thundering falls, frogs and fish are shy!

呱呱！
Croak...

Xiǎo xiǎo yùn dòng yuán

小小运动员
Little Athlete

Diǎn dian tóu, wān wan yāo, shēn shen shǒu, dēng deng jiǎo.

点点头，弯弯腰，伸伸手，蹬蹬脚。

Dài shàng fú quān shuǐ shang piāo; wò jǐn qiú gǎn bīng shang sǎo.

戴上浮圈水上漂；握紧球杆冰上扫。

Jī huì lái le, dà dà de lóng mén kě shǒu de láo?

机会来了，大大的龙门可守得牢？

Playing sports is fun with you as my cheerleader.

Let's warm up your muscles, and practice together.

Paddle, paddle, kick... I can be a good swimmer;

Dribble, dribble, shoot... I can beat the goalkeeper.

咕……咕咕!
Ho...ot! Hoot!

Yě wài lù yíng
野外露营
Camping

Zhàng péng dā de yào láo kào, shēng qǐ yíng huǒ ruǎn táng kǎo.
帐篷搭得要牢靠，生起营火软糖烤。

cháo luò shǒu qiān shǒu qù xún bǎo; cháo qǐ nài xīn děng yú shàng diào.
潮落手牵手去寻宝；潮起耐心等鱼上钓。

Dēng huǒ xí miè le, māo tóu yīng wèi hé hái bù shuì jiào?
灯火熄灭了，猫头鹰为何还不睡觉？

Camping is fun with you as my scout and guide.
Let's build a campfire,
and the marshmallows will roast.
Hunting at low tide;
fishing at high tide.
And best of all --
Staying out all night,
make our bed by the riverside!

Xíng wàn lǐ lù
行万里路
Travelling

Dǎ kāi dì tú huà shàng zuò biāo, nǐ dìng jià rì de xíng chéng biǎo.

打开地图画上坐标，拟定假日的行程表。

Chuān le jiù shēng yī dài yǎn zhào, hǎi shang fú qiǎn zì zài xiāo yáo.

穿了救生衣戴眼罩，海上浮潜自在逍遥。

Xuàn lì duō cǎi de, shì yúer hái shì shān hú jiāo?

绚丽多彩的，是鱼儿还是珊瑚礁？

Travelling is fun with you as my companion.
Let's open the map,
and plan a special vacation.
HOORAY! we're taking a boat
to our destination.
QUICK! we're ready to explore
the beautiful ocean!

Gōng yuán zhuī zhú bǐ sài pǎo, qiū qiān dàng de bǐ tiān gāo,

公园追逐比赛跑，秋千荡得比天高，

jīn zì tǎ gōng dǐng kǎo jì qiǎo, xuán zhuǎn huá tī nàn bu dǎo.

金字塔攻顶考技巧，旋转滑梯难不倒。

Wán de pí juàn le, jiē shi de jiān bǎng kě fǒu ràng wǒ kào?

玩得疲倦了，结实的肩膀可否让我靠?

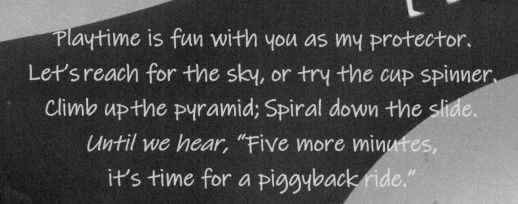

Playtime is fun with you as my protector.
Let's reach for the sky, or try the cup spinner.
Climb up the pyramid; Spiral down the slide.
Until we hear, "Five more minutes,
it's time for a piggyback ride."

Chōng shí de yì tiān
充实的一天
A Fruitful Day

Jiā wù láo zuò bìng bù wú liáo, shōu shí wán jù, bāng máng dǎ sǎo;
家务劳作并不无聊，收拾玩具，帮忙打扫；

Yuè dú tiān dì shēn cáng ào miào, rèn zhēn xué xí, xì xīn tǎo jiào.
阅读天地深藏奥妙，认真学习，细心讨教。

Qīn ài de mā ma, zhōu mò de jīng xǐ kě fǒu jiē xiǎo?
亲爱的妈妈，周末的惊喜可否揭晓？

Cleaning is fun with you as my best partner.
Let's grab a mop or broom,
and tidy up the family room;
Reading is fun with you as my storyteller.
Let's share a book or two,
and earn some tickets to the zoo.

Chāo rén bà ba

超人爸爸

Superdaddy

Fàng xià gōng shì bāo hé diàn nǎo, tǎo gè xiāng wěn hé yǒng bào.

放下公事包和电脑，讨个香吻和拥抱。

Zuǒ yòu, zuǒ yòu lái huí bù cāo; yī èr, yī èr mǎr màn pǎo.

左右、左右来回步操；一二、一二马儿慢跑。

Qīn ài de bà ba, gōng zuò le yī tiān kě jué pí láo?

亲爱的爸爸，工作了一天可觉疲劳？

Bonding time is fun with you as my best buddy.

A kiss and a hug can boost your super energy.

LEFT...LEFT...LEFT...RIGHT...LEFT...

Here comes the army;

GIDDY-UP! GIDDY-UP! GIDDY-UP-UP-UP...

There goes the pony.

Měi mèng tián tián
美梦甜甜
Sweet Dream

Yuer pá shang le shù shāo, xīng xing zuān jin le mián ǎo.

月儿爬上了树梢，星星钻进了棉袄。

Zhěn tou zhàn luàn le chuáng jiǎo, dǎ dǎo dí rén hù chéng bǎo.

枕头战乱了床角，打倒敌人护城堡。

Qīn ài de mèi mei, shuì mèng li zěn me hái zài xiào?

亲爱的妹妹，睡梦里怎么还在笑？

Bedtime is fun with you as my royal knight.
Let's protect the queen,
and start the pillow fight.
Big bad wolf is dead,
it's time to say goodnight.
The moon and the stars
will shine through the night.

Xiǎo xiǎo de xìng fú,
小小的幸福，
yǒu nǐ men zài shēn bian.
有你们在身边，
yī qǐ xiào, yī qǐ nào!
一起笑，一起闹！

Everyday is FUNDAY,
together with you, my
little FAMILY.

-完-

~THE END~

给读者的话

这是一本适合亲子趣读的中、英双语绘本，中文字配有汉语拼音。绘本的中、英文各成一律，各有韵味，建议读者以单一语言展开阅读。家长可先选一种语言和孩子阅读一遍，再鼓励孩子们以另一种语言阅读，以促进母语与第二语言的双向学习。阅读的同时，家长可以和孩子聊一聊诗中的内容，针对童诗末端的提问发表意见，激发孩子的逻辑思维能力。

A message for the beloved reader

This is a bilingual picture book in Chinese and English. Both languages have their own structure and rhyme. Parents can read the book in the first language and lead the little one to read the second language.

This bilingual book can offer the chance to discuss "Happiness in Childhood" in two separate languages.

至姐妹花，你们的欢声笑语滋润着我的心，让温妈咪能再一次重温童年的美好。

至温爹地，感谢您对"温室"的付出，让温妈咪能全心全意地陪着姐妹花成长。 ——温甘玉芬

To Eliana and Alayna who brings joys to our family, and special thanks to our super daddy for his support and dedication.

For Devyn, many thanks for your diligent proofreading for the English version of this book. -- Andrea

作者 Author

温甘玉芬

当妈前，她是孩子们的甘老师，在常年暖和的热带雨林，与孩子一起学习中、英文，探索文字的奥秘；当妈后，她是孩子们的温妈咪，在四季分明的北半球，与孩子一起感受春夏秋冬的更替，一起寻找美好的童年……

温妈咪创作的灵感，源自于多年来的童言童语。

2021年，她成立了"温室工作坊"，出版一系列的中、英双语绘本，结合母语和第二语言，提倡亲子趣读。绘本中的双语各含韵味、各具特色，带着浓浓的童真，叙述着一个美好的童年。

ANDREA VOON

Over the past few years, Andrea has learned and grown with her family as a full-time mother in Canada. Back in Malaysia, she was a Chinese and English language teacher in elementary school.
In 2021, Andrea started her journey as a self publisher. Inspired by years of life surrounded by little kids, Andrea wants to bring back a lively childhood to readers of all ages in her bilingual picture book.

绘图员 Illustrator

叶承恩

身为一名经验丰富的平面设计师和插画家，他以生动的画风，为读者带来活泼的温室一家。

YAPP SHIN ENN

Shin is a graphic designer and illustrator, rich with years of experience and works with various clients. His versatile and adaptability allow him to to flip the switch to meet the styles for different occasions.

CPSIA information can be obtained
at www.ICGtesting.com
Printed in the USA
BVHW020125050921
615735BV00003BA/12